BEI GRIN MACHT SICH IHR WISSEN BEZAHLT

- Wir veröffentlichen Ihre Hausarbeit, Bachelor- und Masterarbeit

- Ihr eigenes eBook und Buch - weltweit in allen wichtigen Shops

- Verdienen Sie an jedem Verkauf

Jetzt bei www.GRIN.com hochladen und kostenlos publizieren

Communities of Practice. Welche Rolle spielen informelle Wissensgemeinschaften in einer lernenden Organisation?

Muna Holzknecht

Bibliografische Information der Deutschen Nationalbibliothek:

Die Deutsche Nationalbibliothek verzeichnet diese Publikation in der Deutschen Nationalbibliografie; detaillierte bibliografische Daten sind im Internet über http://dnb.d-nb.de abrufbar.

ISBN: 9783389088319
Dieses Buch ist auch als E-Book erhältlich.

© GRIN Publishing GmbH
Trappentreustraße 1
80339 München

Druck und Bindung: Books on Demand GmbH, Norderstedt Germany
Gedruckt auf säurefreiem Papier aus verantwortungsvollen Quellen

Das Buch bei GRIN: https://www.grin.com/document/1519046

Albert-Ludwigs-Universität Freiburg im Breisgau

Institut für Erziehungswissenschaft

Wintersemester 2024

Communities of Practice

Welche Rolle spielen informelle Wissensgemeinschaften in einer
lernenden Organisation?

Muna Holzknecht

Seminar: Bildungsmanagement

Datum 16.09.2024

Inhaltsverzeichnis

1. Einführung

Die Lernfähigkeit einer Organisation steht vor fortlaufenden Herausforderungen und erfordert ein hohes Maß an Anpassungsfähigkeit. Im Angesicht der Komplexität moderner Arbeitswelten, die von dezentralen Strukturen, virtuellen Teams und einem immer schnelleren Informationsaustausch geprägt sind, müssen Organisationen in der Lage sein, vorhandenes Wissen effizient zu nutzen. Während traditionelles Wissensmanagement vor allem darauf abzielt, Wissen auf formellem Wege, insbesondere in Datenbanken, zu speichern, zeigt sich aktuell ein deutlicher Wandel: Der Fokus verlagert sich hin zu einem „lebendigen Wissensmanagement", das sein Potenzial in der Förderung dynamischer Wissensprozesse entfaltet (vgl. Zboralski, 2007). Aus dieser Perspektive kommt den Mitarbeitenden eine Schlüsselrolle als Wissensträger und als wertvollste Ressource für den Erfolg einer Organisation zu. In diesem Kontext gewinnt die Verknüpfung von individuellem und kollektivem Wissen im Rahmen des organisationalen Lernens zunehmend an Bedeutung. Das Konzept der „Communities of Practice" bietet einen vielversprechenden Ansatz, der über formale Organisationsgrenzen hinausgeht und darauf abzielt, Wissen zu entwickeln, zu teilen und anzuwenden. Dabei fungieren Communities of Practice nicht nur als effektives Instrument der Organisationsentwicklung, sondern auch als grundlegende Organisationsform.

Ausgehend von diesen Überlegungen verfolgt die vorliegende Arbeit das Ziel, die Rolle von Communities of Practice im Kontext einer lernenden Organisation zu beleuchten und potenzielle Spannungsfelder und Herausforderungen aufzuzeigen. Im ersten Teil der Arbeit wird eine detaillierte theoretische Einordnung vorgenommen sowie eine Darstellung der Funktionen und Merkmale von Communities of Practice. Der zweite Teil widmet sich dem Thema des Lernens von Organisationen und dem Aufbau der organisationalen Wissensbasis. Den Abschluss der Arbeit bilden ein Fazit und ein Ausblick auf mögliche zukünftige Entwicklungen.

2. Das Konzept der "Communities of Practice"

2.1 Begriffsdefinition

Die Idee hinter Communities of Practice ist nicht neu. Schon seit der frühen Menschheitsgeschichte haben sich informelle Gemeinschaften gebildet, in denen verschiedne Gruppen Wissen und Fähigkeiten austauschten. Diese Form des gemeinsamen Lernens lässt sich auch in moderneren Konzepten wie Communites of Practice (hier CoP[1]) wiederfinden (Zboralski, 2007). Der Begriff CoP wird häufig durch Synonyme wie Wissensgemeinschaften, Praxisgemeinschaften oder Innovationszirkel beschrieben, wobei eine einheitliche Definition fehlt. Gleichzeitig weist der Begriff „Community" spezifische Merkmale auf, die ihn von anderen Formen der Zusammenarbeit unterscheiden. Heiss (2009, S. 82) orientiert sich dabei an folgender Definition: „Communities of practice are groups of people who come together to share and to learn from one another face-to-face or virtually. They are held together by a common interest in a body of knowledge. They typically share information, experiences, insights, advices and solve problems."

Wenger gilt als einer der Begründer des Konzepts der CoP, das er 1998 in Verbindung mit der Theorie des situativen bzw. sozialen Lernens entwickelte (Wenger, 1998). Laut Wenger entstehen CoP, im Gegensatz zu Netzwerken oder klassischen Formen der Zusammenarbeit, durch informelle Interaktionen und die kooperative Wissensvermittlung. Während Netzwerke primär den Informationsaustausch fördern, liegt der Fokus bei CoP auf dem gemeinsamen Lernen und der Generierung von kollektivem Wissen (Lave & Wenger, 2017).

Communities of Practice bauen auf der Theorie der "communal sharing realshionships" (CS) auf, nach dem Wissen als gemeinsame Ressource gesehen wird und nicht als individuelles oder privates Eigentum (Boer, Berends & Van Baalen, 2011). Ausgehend von dieser Perspektive gilt es, dass alle Community-Mitglieder den gleichen Wissensstand haben und Wissen frei unter den Teilnehmenden geteilt und transparent gemacht wird. Die Voraussetzung für die Entstehung von CoP ist demnach eine einstimmige Überzeugung über die Werte der Wissensgemeinschaft sowie eine freiwillige Teilnahme (Boer, Berends & Van Baalen, 2011).

---

[1] CoP wird sowohl für den Singular *Community of Practice* als auch für den Plural *Communities of Practice* verwendet

2.2 Merkmale einer CoP nach Wenger

Laut Zboralski (2007) sind Communities of Practice in den meisten Fällen informeller und selbstorganisierter Natur. Jeder Mensch, der aktiv an der Gesellschaft teilnimmt, ist demnach Teil von mindestens einer CoP. Diese Allgegenwart von CoP prägt unser tägliches Leben, sei es in der Schule, zu Hause oder in der Freizeit, da überall dort, wo Interaktionen stattfinden, eine CoP entstehen kann (Lave & Wenger, 2017). Die Ausprägungen von Communities können variieren, doch folgenden sie immer dem Ansatz des kollektiven Lernens. So existieren CoP nicht nur auf informeller Ebene, sondern sie können auch formal in Organisationen verankert und in die Strukturen des Managements integriert sein.

Wenger beschreibt in diesem Zusammenhang drei zentrale Dimensionen, die das Wesen einer CoP ausmachen (vgl. Lave & Wenger, 2017). Die erste Dimension ist die gemeinsame Domäne, die auch als „joint enterprise" bezeichnet wird. Sie bezieht sich auf ein gemeinsames Anliegen oder Thema, das die Gründung und das Bestehen einer CoP motiviert. Ein Beispiel hierfür ist eine Gruppe von Lehrkräften, die sich regelmäßig trifft, um über innovative Lehrmethoden zu diskutieren und gemeinsam neue Unterrichtskonzepte zu entwickeln. Die zweite Dimension ist das gegenseitige Engagement („mutual engagement"), das sich auf die für alle Mitglieder bedeutsame Praxis bezieht, die sie durch gemeinsame Aktivitäten verbindet (Lave & Wenger, 2017). Ein Beispiel hierfür könnte ein Team von Softwareentwicklern sein, das gemeinsam an einem Open-Source-Projekt arbeitet. Dabei spielt nicht nur der Wissensaustausch eine Rolle, sondern auch das regelmäßige, praktische Arbeiten an der Software, was die Mitglieder zusammenhält.

Die dritte Dimension umfasst ein geteiltes Repertoire („shared repertoire"), welches die in der CoP entwickelten Fähigkeiten, Routinen und Ressourcen beschreibt, die sich durch die gemeinsame Arbeit und den Erfahrungsaustausch mit der Zeit herausbilden (Lave & Wenger, 2017). In einer Wissensgemeinschaft von Medizinern könnte dieses Repertoire aus gemeinsam entwickelten Behandlungsstrategien und den im Laufe der Zusammenarbeit erarbeiteten Techniken und Verfahren bestehen.

So vielfältig wie die Gründe und Kontexte, in denen eine CoP entsteht, sind auch ihre Formen und Ziele (Zboralski, 2007). CoP unterscheiden sich nicht nur in der Vielfalt ihrer Mitglieder, sondern auch in ihrer Größe und Struktur. Während kleinere CoP oft aus wenigen Experten bestehen, die sich intensiv einem speziellen Themengebiet widmen, können größere CoP die Größe von Vereinen erreichen und Hunderte von Teilnehmenden umfassen (Zboralski, 2007). Diese können sowohl intern innerhalb einer Organisation als auch organisationsübergreifend entstehen, wobei sie in letzterem Fall verschiedene Unternehmen oder Branchen miteinander vernetzen, um den Austausch von Wissen und Best Practices zu fördern.

Die Lebensdauer einer CoP hängt stark von ihren internen Zielen ab und wird maßgeblich durch den individuellen Wert bestimmt, den die Teilnahme für die einzelnen Mitglieder hat (North, Franz & Lembke, 2004). Damit eine CoP jedoch nachhaltig erfolgreich ist, müssen bestimmte Dimensionen, wie das gemeinsame Ziel und die kollektive Praxis, klar definiert und gepflegt werden. Diese Arbeit erfordert nicht nur den Aufbau intensiver Beziehungen, sondern auch die Entwicklung einer gemeinsamen Sprache und eines Verständnisses, welche die Grundlage für eine erfolgreiche Zusammenarbeit schaffen (Lave & Wenger, 2017).

Die Einbindung jedes Mitglieds hängt vom eigenen Interesse ab und wird individuell entschieden, während die langfristige Beständigkeit einer CoP maßgeblich von der aktiven Teilnahme und dem Engagement aller Beteiligten abhängt. Nur durch konstantes Mitwirken kann der Wissensaustausch lebendig gehalten und die Gemeinschaft nachhaltig gestärkt werden (Heiss, 2009).

2.3 Funktionen von CoP

Um die Funktionen von Communities of Practice in Organisationen hervorzuheben, zählen North, Franz & Lembke (2004) verschiedene Herausforderungen auf, die durch die Implementierung solcher Wissensgemeinschaften adressiert werden können. Dazu gehören:

- ähnliche Probleme, die an unterschiedlichen Standorten auftreten,
- mangelnde Transparenz bezüglich des vorhandenen Wissens,
- potenzielle Synergien durch Erfahrungsaustausch sowie
- das menschliche Grundbedürfnis nach Wissensteilung, Kreativität und Gemeinschaft.

CoP spielen eine zentrale Rolle beim Wissenstransfer innerhalb von Organisationen. Die Mitglieder entwickeln ein gemeinsames Verständnis zu einem bestimmten Thema, was ihnen ermöglicht, Wissen gezielt zu strukturieren und effizient weiterzugeben. Dies fördert nicht nur den Wissensaustausch, sondern auch die Entwicklung neuer Fähigkeiten und Kompetenzen, die zur kontinuierlichen Verbesserung der Organisation beitragen (North, Franz & Lembke, 2004).

Durch ihre Flexibilität und Reaktionsschnelligkeit können CoP schneller auf Veränderungen reagieren als herkömmliche Geschäftseinheiten. Diese Funktion trägt besonders dazu bei, implizites Wissen – also das oft schwer greifbare und nicht formal dokumentierte Wissen – zu bewahren, welches häufig durch einen Generationenwechsel verloren geht (Van Baalen, Bloemhof-Ruwaard & Van Heck, 2005). CoP bieten einen idealen Rahmen, um neue Mitarbeitende in die Organisation zu integrieren, sie zu schulen und wertvolle Erfahrungen weiterzugeben (North, Franz & Lembke, 2004). Darüber hinaus verleiht die Vernetzung von Personen innerhalb einer CoP dem Wissen eine persönliche Dimension. Zboralski (2007) beschreibt, dass CoP Wissen nicht nur kodifizieren, sondern durch die Personalisierung von Wissen ein starkes Zugehörigkeitsgefühl und eine berufliche Identität unter den Mitgliedern fördern.

In einer Zeit, in der Projekte und Teams häufig wechseln und Hierarchien zunehmend flacher werden, bieten CoP den Mitgliedern eine langfristige fachliche Heimat. Sie schaffen einen Raum, in dem Ideen offen ausgetauscht und neue Ansätze getestet werden können. Dieses Umfeld unterstützt nicht nur das gemeinsame Lernen, sondern verbessert auch die Handlungskompetenz und Kreativität der Organisation. CoP können somit zum Erfolg der Organisation beitragen, indem sie Innovation, Problemlösung und die nachhaltige Nutzung von Wissen sowohl innerhalb als auch außerhalb der Organisation fördern (North, Franz & Lembke, 2004).

Zusammenfassend lässt sich festhalten, dass das Hauptziel einer CoP darin besteht, den Wissenstransfer durch Interaktion und Kommunikation bewusst zu fördern. Dies geschieht durch den kontinuierlichen Austausch von Wissen, das gemeinsame Lernen sowie die Förderung von Innovation und Problemlösung (Heiss, 2009).

3. Die Lernende Organisation

3.1 Organisationale Wissensbasis

Um zu klären, ob und wie Lernen in einer Organisation stattfindet, ist es zunächst wichtig, die Zusammensetzung der Wissensbasis der Organisation genauer zu betrachten. In dieser Arbeit wird der Wissensbegriff folgendermaßen definiert: „Wissen umfasst alle Kenntnisse und Fähigkeiten, die Individuen befähigen, Handlungen zur Problemlösung durchzuführen. Dazu gehören sowohl theoretische Fachkenntnisse als auch praktische Erfahrungen, Wertvorstellungen und Kontextinformationen" (Zboralski, 2007). Diese Definition betont, dass Wissen nicht nur als Input für einen Prozess zu verstehen ist, sondern selbst einen aktiven Prozess darstellt. Mit anderen Worten, Informationen und Daten gelten erst dann als „Wissen", wenn sie in konkrete Handlungen umgesetzt und transformiert werden (Probst et al., 2012).

Übertragen auf die Wissensbasis einer Organisation, unterscheiden Probst et al. (2012) zwischen individuellen und kollektiven Wissensbestandteilen. Für das langfristige Überleben einer Organisation ist eine produktive Zusammenarbeit von individuellen Fähigkeiten notwendig, die zur kollektiven Wissensbasis beitragen. Das individuelle Wissen beschreibt dabei persönliches Wissen und individuelle Lernpotenziale eines Individuums. Kollektives Wissen geht über das einzelne individuelle Wissen hinaus und bezeichnet das gemeinsam entwickelte und genutzte Wissen eines Kollektivs (Heiss, 2009).

In diesem Zusammenhang erfolgt eine Unterscheidung zwischen „implizitem" und „explizitem Wissen". Implizites Wissen ist schwer zu greifen und basiert oft auf persönlichen Erfahrungen, der Intuition und unbewussten Fähigkeiten. Explizites Wissen hingegen ist formales, klar dokumentiertes Wissen, das leicht weitergegeben werden kann, wie Handbücher, Verfahren und Richtlinien. Beide Wissensarten sind für die Wissensbasis einer Organisation entscheidend und ergänzen sich gegenseitig (Van Baalen, Bloemhof-Ruwaard & Van Heck, 2005). Der Wert einer Organisation, der maßgeblich von ihrer Wissensbasis abhängt, lässt sich daran messen, wie gut dieses Wissen in die internen Strukturen eingebunden und umgesetzt wird (Alerasoul et al., 2022). Informationen und Lösungen können nur dann zum nachhaltigen Erfolg beitragen, wenn sie in kollektive Prozesse integriert werden. Wenn Wissen jedoch isoliert bleibt oder der Wissenstransfer blockiert wird, kann sich die Wissensbasis verhärten und die Innovationsfähigkeit der Organisation einschränken (Probst et al. 2012).

Dieses Verständnis von Wissen unterstreicht die Bedeutung kollektiver Lernprozesse innerhalb einer Organisation und betont, dass Wissen erst dann wertvoll ist, wenn es aktiv genutzt und geteilt wird. Die Wissensbasis besteht nicht aus isolierten Ressourcen oder einzelnen Mitarbeitenden, sondern ist ein komplexes Geflecht, das auf kontinuierlichem Austausch und Zusammenarbeit beruht. Wissen, so wie es Probst et al. (2012) beschreiben, stellt die "einzige Ressource dar, welche sich durch ihren Gebrauch vermehrt " (S. 14).

3.2 Organisationales Lernen

Organisationales Lernen (OL) beschreibt Veränderungsprozesse innerhalb der Wissensbasis einer Organisation (Schiersmann & Thiel, 2013). Dieser Prozess umfasst das Erwerben, Übertragen und Integrieren von Wissen auf drei Ebenen (Alerasoul et al., 2022). Von dem individuellen Lernen, dem Lernen in Gruppen, in den Lernprozess der Organisation als Ganzes. Diese Ebenen lassen sich durch verschiedene theoretische Perspektiven näher erläutern.

Aus individueller Perspektive, wie es in den Theorien der 1980er bis 2000er Jahre beschrieben wurde, beginnt OL stets mit der Initiative eines einzelnen Organisationsmitglieds. Sobald ein Individuum ein Problem oder ein Bedürfnis innerhalb der Organisation erkennt, tritt es in einen Erfahrungszyklus ein, der es in einen kontinuierlichen Lernprozess einbindet (Göhlich, 2018). Diese Sichtweise hebt das individuelle Lernen als Ausgangspunkt für organisationales Lernen hervor.

Für Wenger ist das Lernen in einer Organisation immer an einen situierten Kontext geknüpft. Obwohl Wengers ursprüngliche Definition von CoP nicht explizit auf Organisationen bezogen war, konkretisierte er später deren Bedeutung für den organisationalen Kontext (Göhlich, 2018). Erst durch die Einbettung von Wissen in soziale Strukturen, wie in CoP oder Arbeitsgruppen, wird sichtbar, welches Wissen in der Organisation vorhanden ist und genutzt werden kann. Diese Sichtweise unterstreicht die These von der Untrennbarkeit von "knowing" und "doing" – Wissen wird erst durch das Handeln im sozialen Kontext wirksam (Heiss, 2009).

Die dritte Herangehensweise betrachtet die unternehmensinternen Strukturen als ausschlaggebend dafür, ob eine Organisation lernfähig oder lernunfähig ist. Organisationales Lernen auf struktureller Ebene bezieht sich auf die systematischen Prozesse und Strukturen, die eine Organisation etabliert, um Wissen zu erfassen, zu speichern und organisationsweit zugänglich zu machen. Zu den zentralen Mechanismen gehören etablierte Routinen wie Feedback- und Evaluationsprozesse, Wissensdatenbanken sowie das organisatorische Gedächtnis, das sicherstellt, dass Erfahrungen langfristig erhalten bleiben. Durch diese Strukturen wird kollektives Lernen gefördert, wodurch die Organisation in der Lage ist, kontinuierlich aus Erfolgen und Fehlern zu lernen und sich flexibel an Veränderungen anzupassen (Göhlich, 2018).

Je nach Ausgangslage kann OL als kognitives, praktisches oder strukturelles Problem betrachtet werden (Göhlich, 2018). Einem Unternehmen kann jedoch erst dann ein echtes Lernverhalten zugeschrieben werden, wenn ein bestimmter Schwellenwert erreicht ist, an dem das individuelle Lernen der Mitarbeitenden in Veränderungen auf Organisationsebene übergeht. Das Lernen der Mitglieder bildet somit die Grundlage für das Lernen der gesamten Organisation (Gessler, 2010).

3.3 Informelles vs. Formelles Lernen

Dehnbostel (2016) hebt ebenfalls die Bedeutung informeller Lernmechanismen in Organisationen hervor. Diese umfassen unstrukturierte, soziale Interaktionen, wie sie in Kaffeepausen, beim gemeinsamen Mittagessen, durch Coaching oder in spontanen Gesprächen auf dem Flur entstehen. Informelle Prozesse ermöglichen einen flexiblen und kontinuierlichen Wissensfluss, der durch formelle Strukturen allein nicht erreicht werden kann. Solche informellen Wissensströme sind nicht nur ergänzend, sondern oft überlebenswichtig für eine Organisation, da sie kurzfristige Anpassungen und Problemlösungen ermöglichen, ohne zusätzliche Lernorte zu erfordern (Dehnbostel, 2016). Heiss (2009) vergleicht dabei informelle Wissensprozesse mit dem „Nervensystem" einer Organisation und die formellen Prozesse mit dem „Knochengerüst".

Während formelle Mechanismen wie Meetings oder Schulungen durch ihre klare Struktur und Planbarkeit gekennzeichnet sind, tragen informelle Interaktionen wesentlich dazu bei, Wissen dynamisch und flexibel weiterzuentwickeln (Dehnbostel, 2016). An dieser Stelle führt Osterhage (2022) den Begriff der „Betriebsblindheit" ein. Mit zunehmender Routine und Systematisierung steigt das Risiko, dass Barrieren für die individuelle Wissensnutzung entstehen. Auch das kritische Hinterfragen von Prozessen gerät bei einer Übergewichtung von Formalitäten in Gefahr, was die Weiterentwicklung einer Organisation hemmen kann. Gleichzeitig kann formelles Lernen jedoch einen positiven Einfluss ausüben, indem es durch strukturierte Anreizsysteme den Austausch und die Weiterbildung fördert (Osterhage, 2022). Es ermöglicht Organisationen zudem, gezielt spezifische Kompetenzen zu entwickeln und sicherzustellen, dass alle Mitarbeitenden einheitliches Wissen über neue Technologien, Prozesse oder Vorschriften erlangen (Dehnbostel, 2016).

Studien zeigen, dass Organisationen, die bewusst informelles Lernen unterstützen, eine höhere Mitarbeiterzufriedenheit und stärkere Bindung der Mitarbeitenden an das Unternehmen verzeichnen (Dehnbostel, 2016). Informelles Lernen fördert zudem eine lernende Organisationskultur, in der Wissen nicht statisch bleibt, sondern kontinuierlich durch Zusammenarbeit, Beobachtung und Interaktion weiterentwickelt wird (Osterhage, 2022).

4. Potenzielle Spannungsfelder und Herausforderungen

Vor dem Hintergrund einer lernenden Organisation stellt sich die Frage, wie eine Organisation von Communities of Practice profitieren kann, ohne dabei ihre Verantwortung im Wissensmanagement zu vernachlässigen. Wie ist es möglich, in ein zusätzliches System wie CoP zu investieren, wenn bereits ein Management-System vorhanden ist? Diese Fragen werden häufig in der kritischen Literatur zum Thema CoP diskutiert (vgl. Heiss, 2009). Obwohl viele Unternehmen Lernprozesse auf soziale Systeme übertragen, stoßen individuelle Entwicklungspotenziale oft an die Grenzen der Organisationsgestaltung (Gessler, 2010).

Eine der Herausforderungen, die Unternehmen beim Umgang mit CoP meistern müssen, ist die Beziehungspflege innerhalb der Wissensgemeinschaften. Studien haben gezeigt, dass die Art und Qualität der Beziehungen das Verhalten beim Wissensaustausch stark beeinflussen (Boer, Berends & Van Baalen, 2011). Besonders die Anreize, die mit dem Wissensaustausch verbunden sind, spielen eine zentrale Rolle. Der sogenannte „Crowding-Out-Effekt" beschreibt, dass finanzielle Belohnungen einen negativen Einfluss auf die intrinsische Motivation zum Wissensaustausch haben können, wodurch die Bereitschaft, Wissen zu teilen, abnimmt (Boer, Berends & Van Baalen, 2011).

Ein weiteres häufig genanntes Problem ist die Entstehung einer "wir-gegen-die-anderen"-Mentalität. Während einige CoP eine offene Wissensverteilung innerhalb der Organisation fördern, gibt es Befürchtungen, dass Wissen innerhalb der Gruppe isoliert bleibt und nicht mehr abteilungsübergreifend geteilt wird. Dadurch kann Wissen "gruppiert" und anderen Teilen der Organisation vorenthalten werden, was die Kollaboration zwischen Abteilungen behindert. Diese Isolation kann zu Spannungen führen, da Mitarbeitende, die in CoP eingebunden sind, möglicherweise als weniger loyal gegenüber der Gesamtorganisation wahrgenommen werden (Argote & Ingram, 2000). Dieses Problem kann durch Hierarchien, Zeitmangel und fehlende Unterstützung verschärft werden. Zudem kann es zu Widerstand gegen Veränderungen kommen, da sich einige Mitarbeitende gegen neue Formen der Zusammenarbeit, wie sie in CoP praktiziert werden, sträuben.

Die potenziellen Spannungsfelder beschränken sich nicht nur auf das Verhältnis zwischen CoP und der Organisation, sondern betreffen auch die Interaktion zwischen einzelnen Personen und Gruppen. Der Aufbau und die Pflege einer funktionierenden Community setzen hohe Anforderungen voraus, was oft zu Schwierigkeiten führt. Zudem fällt es vielen Organisationen schwer, klare Verantwortlichkeiten zu definieren und von CoP konkrete Ergebnisse zu erwarten, die in die Unternehmensbilanz einfließen sollen (Argote & Ingram, 2000). Eine klassische Organisation kann niemals alle persönlichen Bedürfnisse der Mitarbeitenden vollständig befriedigen. Die Suche nach individuellen Lösungen gehört zu den natürlichen Entwicklungstendenzen des Personals (Gessler, 2010). Daraus ergibt sich die Frage, wo genau die Schnittmengen und Grenzen zwischen selbstorganisiertem Lernen in CoP und einer lernenden Organisation liegen. Gessler (2010) betont, dass diese Grenzen oft unklar sind und von den jeweiligen Strukturen der Organisation abhängen.

Ein weiterer wichtiger Aspekt ist die Nachhaltigkeit und Langfristigkeit von CoP. Unternehmen müssen sicherstellen, dass CoP nicht nur kurzfristige Projekte sind, sondern langfristig Bestand haben und zur kontinuierlichen Entwicklung der Organisation beitragen (Heiss, 2009).

Insgesamt zeigt sich, dass CoP eine wertvolle Ergänzung zum klassischen Management-System einer Organisation sein können, jedoch auch zahlreiche Herausforderungen und Spannungsfelder mit sich bringen. Um von den Vorteilen von CoP langfristig zu profitieren, müssen Unternehmen Wege finden, diese Barrieren zu überwinden und CoP aktiv in ihre Strukturen zu integrieren (Heiss, 2009).

5. Fazit und Ausblick

Abschließend lässt sich festhalten, dass Communities of Practice eine zentrale Bedeutung für informelle Lernsysteme in einer lernenden Organisation haben. Durch das Prinzip, dass Lernen nicht nur auf individueller Ebene stattfindet, sondern vielmehr durch soziale Interaktionen und den Austausch von Erfahrungen innerhalb von Gruppen gefördert wird, zeigt sich der Vorteil der Gründung von Lerngruppen. Eine Ausrichtung auf die Förderung von CoP könnte die Arbeit einer Organisation effektiver gestalten, indem implizites Wissen weitergegeben wird. Auch die Möglichkeit, strukturelle Probleme zu umgehen und Wissen außerhalb traditioneller Hierarchien und Organisationsstrukturen zu teilen, wird durch CoP erleichtert. Communities of Practice tragen zudem zur langfristigen Erhaltung des

Organisationsgedächtnisses bei, indem sie Wissen in ein soziales Netzwerk einbetten. In Bildungssystemen oder Organisationen, die stark auf individuelle Akkreditierungen fokussiert sind, kann die Implementierung solcher gemeinschaftlichen Lernpraktiken jedoch herausfordernd sein. Es liegt also in der Verantwortung des formalen Managements, Bedingungen zu schaffen, die es ermöglichen, dass informelle Lernsysteme entstehen und gedeihen können. Wenn diese Freiräume gegeben sind, kann die Unterstützung und Integration von Communities of Practice sowohl kollektive als auch individuelle Lernprozesse und das organisationale Wissen weiterentwickeln.

In einer Zeit, in der Wissen als eine der wichtigsten Ressourcen für die Zukunftsfähigkeit einer Organisation gilt, können informelle Lernsysteme, wie sie in Communities of Practice zu finden sind, entscheidend dazu beitragen, eine Organisation in eine lernende Organisation zu verwandeln und die Wissensbasis kontinuierlich weiterzuentwickeln.

6. Literaturverzeichnis

1. Alerasoul, S. A., Afeltra, G., Hakala, H., Minelli, E., & Strozzi, F. (2022). Organisational learning, learning organisation, and learning orientation: An integrative review and framework. Human Resource Management Review, 32(3), 100854.

2. Argote, L., & Ingram, P. (2000). Knowledge transfer: A basis for competitive advantage in firms. Organizational behavior and human decision processes, 82(1), 150-169.

3. Boer, N. I., Berends, H., & Van Baalen, P. (2011). Relational models for knowledge sharing behavior. European Management Journal, 29(2), 85-97.

4. Dehnbostel, P. (2016). Informelles Lernen in der betrieblichen Bildungsarbeit. Handbuch Informelles Lernen, 343-364.

5. Gessler, M. (2010). C. 8 Selbstorganisiertes Lernen und lernende Organisation.

6. Göhlich, M. (2016). Theories of organizational learning as resources of organizational education. In A. Schröer, M. Göhlich, S. Weber, & H. Pätzold (Eds.), Organisation und Theorie. Organisation und Pädagogik (Vol. 18, pp. 39-55). Springer VS. https://doi.org/10.1007/978-3-658-10086-5_2

7. Heiss, S. F. (2009). Communities of practice als Wissensmanagementmethode zur Förderung des Wissensaustauschs: Eine Analyse der motivationalen Faktoren. Interne Kommunikation von Unternehmen: Psychologische, kommunikationswissenschaftliche und kulturvergleichende Studien, 75-110.

8. Lave, J., & Wenger, E. (2017). Communities of practice.

9. North, K., Franz, M., & Lembke, G. (2004). Wissenserzeugung und -austausch in Wissensgemeinschaften: Communities of practice (No. 85). QUEM-Report.

10. Osterhage, S. (2022). Theoretische Grundlagen. In BesMasters (S. 7–24). https://doi.org/10.1007/978-3-658-39257-4_2

11. Probst, G., Raub, S., & Romhardt, K. (2012). Die Wissensbasis des Unternehmens. In Wissen managen: Wie Unternehmen ihre wertvollste Ressource optimal nutzen (pp. 13-25).

12. Schiersmann, C., & Thiel, H. U. (2013). Projektmanagement als organisationales Lernen: Ein Studien-und Werkbuch (nicht nur) für den Bildungs-und Sozialbereich. Springer-Verlag.

13. Van Baalen, P., Bloemhof-Ruwaard, J., & Van Heck, E. (2005). Knowledge sharing in an emerging network of practice: The role of a knowledge portal. European Management Journal, 23(3), 300-314.

14. Wenger, E. (1998). Communities of practice: Learning as a social system. The Systems Thinker, 9(5), 2-3.

15. Zboralski, K. (2007). Wissensmanagement durch Communities of Practice. Springer-Verlag.